BEI GRIN MACHT SICH IHR WISSEN BEZAHLT

- Wir veröffentlichen Ihre Hausarbeit, Bachelor- und Masterarbeit
- Ihr eigenes eBook und Buch - weltweit in allen wichtigen Shops
- Verdienen Sie an jedem Verkauf

Jetzt bei www.GRIN.com hochladen und kostenlos publizieren

Bibliografische Information der Deutschen Nationalbibliothek:

Die Deutsche Bibliothek verzeichnet diese Publikation in der Deutschen Nationalbibliografie; detaillierte bibliografische Daten sind im Internet über http://dnb.d-nb.de/ abrufbar.

Dieses Werk sowie alle darin enthaltenen einzelnen Beiträge und Abbildungen sind urheberrechtlich geschützt. Jede Verwertung, die nicht ausdrücklich vom Urheberrechtsschutz zugelassen ist, bedarf der vorherigen Zustimmung des Verlages. Das gilt insbesondere für Vervielfältigungen, Bearbeitungen, Übersetzungen, Mikroverfilmungen, Auswertungen durch Datenbanken und für die Einspeicherung und Verarbeitung in elektronische Systeme. Alle Rechte, auch die des auszugsweisen Nachdrucks, der fotomechanischen Wiedergabe (einschließlich Mikrokopie) sowie der Auswertung durch Datenbanken oder ähnliche Einrichtungen, vorbehalten.

Impressum:

Copyright © 2018 GRIN Verlag
Druck und Bindung: Books on Demand GmbH, Norderstedt Germany
ISBN: 9783668670129

Dieses Buch bei GRIN:

https://www.grin.com/document/418107

Eva Stienemann

Ein Einblick in das Konzept "Offener Unterricht"

GRIN Verlag

GRIN - Your knowledge has value

Der GRIN Verlag publiziert seit 1998 wissenschaftliche Arbeiten von Studenten, Hochschullehrern und anderen Akademikern als eBook und gedrucktes Buch. Die Verlagswebsite www.grin.com ist die ideale Plattform zur Veröffentlichung von Hausarbeiten, Abschlussarbeiten, wissenschaftlichen Aufsätzen, Dissertationen und Fachbüchern.

Besuchen Sie uns im Internet:

http://www.grin.com/

http://www.facebook.com/grincom

http://www.twitter.com/grin_com

Ein Einblick in das Konzept „Offener Unterricht"

Inhaltsverzeichnis

Einleitung	S. 3
Offener Unterricht – ein Definitionsversuch	S. 3
Vorteile und Nachteile von Offenem Unterricht	S. 4
Möglichkeiten der Umsetzung von Offenem Unterricht	S. 5
Offener Unterricht mithilfe von Differenzierung	S. 7
Fazit	S. 9
Literaturverzeichnis	S. 10

Einleitung

Die Rahmenbedingungen in der Schule haben sich in den letzten Jahren enorm verändert. Um den Ansprüchen der Kinder, der Eltern und des Staates gerecht zu werden, ist es wichtig, dass sich die Lehrer[1] mit ihrem Unterrichtshandeln an die Diversität der Schüler anpassen. Lehrkräfte müssen sich verstärkt darum bemühen, vielfältige Lernmöglichkeiten für die Schüler zu erschaffen, um den Unterricht kindgerechter zu gestalten und das Lernen für jeden Schüler zu erleichtern. Kinder sollen in der Schule die bestmögliche Bildung erhalten, dies kann nur gelingen, wenn jeder Schüler innerhalb seiner persönlichen Möglichkeiten gefördert wird. Frontalunterricht ist in der Schule mittlerweile seltener erwünscht, dafür werden andere Unterrichtsformen präferiert. Diesbezüglich ist auch Sprache von Offenem Unterricht, auf den in dieser Ausarbeitung näher eingegangen werden soll. Zunächst wird auf die Definition des Offenen Unterricht eingegangen, danach werden Vor- und Nachteilen von Offenem Unterricht aufgezeigt und Möglichkeiten der Umsetzung angegeben, auch unter Einbezug von Differenzierung im Unterricht.

Offener Unterricht – ein Definitionsversuch

Offener Unterricht lässt sich schwer definieren, denn es handelt sich hierbei eher um einen Oberbegriff für verschiedene Methoden, die im Unterricht angewandt werden. Dabei soll jeder Schüler berücksichtigt werden und ihm der Lernstoff innerhalb seiner Bezugswelt vermittelt werden. Offener Unterricht ist „eine dynamische Angelegenheit […] und eine Bündelung vielfältiger Ideen und Interessen von Personen […] die aus unterschiedlichsten Motiven und mit unterschiedlichsten Begründungen Schule ‚öffnen' wollen."[2] Die Schüler sollen durch selbstbestimmtes Lernen ein realistisches Selbstbild entwickeln, dabei wird Offener Unterricht bestimmt von den Interessen, Wünschen und Fähigkeiten der Schüler.[3] Nicht nur der Begriff der Offenheit, sondern auch der Begriff der Bewegung spielt in der Definition von Offenem Unterricht eine relevante Rolle. Die Offenheit gegenüber den verschiedenen Methoden in der Erziehung und Förderung der Kinder spielt ebenso eine

---

[1] Aus Gründen der Lesbarkeit wird in der vorliegenden Ausarbeitung stets die männliche Sprachform verwendet. Dies impliziert jedoch keine Benachteiligung des weiblichen Geschlechts, sondern soll im Sinne einer sprachlichen Vereinfachung als geschlechtsneutral zu verstehen sein.
[2] Peschel 2002: 67.
[3] Vgl. Jürgens 2004: 43.

Rolle wie die eigenständige Aktivität der Kinder im Unterricht. Offener Unterricht kann so verstanden werden, dass lebensnahes Lernen und schülerorientierter Unterricht miteinander vereint werden sollen.[4]

Eine Passung zwischen den Interessen der Schüler und der Umsetzung des Unterrichts ist bei einem Offenem Unterricht wichtig. Jeder Schüler kann lernen, darüber muss sich die Lehrkraft bewusst sein, ihm müssen nur die nötigen Hilfsmittel dazu gegeben werden. Die Schüler bestimmen den Verlauf des Offenen Unterrichts selbst mit. Die Selbstständigkeit der Schüler steht im Vordergrund, während der Lehrer eine weniger aktive Rolle einnimmt. Anstatt als Wissensvermittler im Vordergrund zu stehen, agiert er als Helfer bei den weitestgehend eigenständigen Lernprozessen der Schüler. Er bereitet Lernangebote vor und bietet Lernmaterialien an, zudem ist er dafür verantwortlich, dass Offener Unterricht gelingen kann. Indem im Offenen Unterricht differenziert und gezielt gefördert wird, kann erfolgreiches Lernen entstehen. Eine Verbindung von Leben und Lernen führt dazu, dass die Schüler im Lernen einen übergeordneten Sinn sehen. Die Vielfältigkeit der Arbeitsformen im Unterricht, d.h. die Arbeit in Gruppen, zu zweit oder individuell kann dazu beitragen, die Sozialkompetenz der Schüler zu fördern.

Offener Unterricht bietet viele Vorteile, wie bspw. die Förderung der Selbstständigkeit der Schüler. Es gibt jedoch auch Kritik an dem Konzept, denn besonders jüngere Schüler können sich der Verantwortung noch nicht gewachsen fühlen, selbstständig zu lernen. Im Folgenden werden Pro- und Contra-Argumente von Offenem Unterricht aufgeführt.

Vorteile und Nachteile von Offenem Unterricht

Vorteile von Offenem Unterricht sind, dass Schüler den Lernstoff in eigenem Tempo erlernen können. Desto mehr Entscheidungen gemeinsam mit den Schülern getroffen werden, desto offener ist der Unterricht.[5] Der Lehrer unterstützt dieses Konzept, indem er das Lernen systematisiert und Planungen vornimmt, so bleibt das Lernen strukturiert. Die Schüler übernehmen Verantwortung und arbeiten selbstständig. Dies kann sich auch positiv auf das Leben der Schüler nach der Schulzeit auswirken, denn in der Universität, in der Ausbildung oder der Arbeitswelt ist Selbstständigkeit und Disziplin gefragt. In einem

---

[4] Vgl. Bönsch 1993: 28.
[5] Vgl. Jürgens 2004: 49.

Offenen Unterricht erlernen die Schüler relevante Schlüsselkompetenzen, besonders die soziale Kompetenz steht im Vordergrund. Auch die Sachkompetenz, durch die metakognitive Fähigkeiten, wie das Lernen des Lernens oder das Lernen von bedeutsamen und sinnzusammenhängenden Inhalten gefördert werden, so wie die Selbstkompetenz, also die Erziehung zur Selbstständigkeit, das Fördern von Durchhaltevermögen und Selbstvertrauen, können in einem Offenen Unterricht unterstützt werden.[6] Dadurch, dass die Schüler die Unterrichtsplanung mitgestalten dürfen, werden Unterricht und Unterrichtsziele für sie transparenter. Außerdem entsteht ein Kompetenzgefühl bei den Schülern, da sie an wichtigen Unterrichtsentscheidungen teilhaben dürfen.

Nachteile des Offenen Unterrichts können sein, dass Schüler in einem Offenem Unterricht die Chance sehen, ihre Freiheiten auszunutzen und sich dem Lernen zu entziehen. Deshalb ist es wichtig, dass der Lehrer den Lernprozess und das Lernergebnis überwacht und Feedback gibt. Besonders jüngere Schüler benötigen oftmals eine Anleitung zum Lernen. Der Lehrer muss also nicht nur Rückmeldungen geben, sondern auch Lernstrategien vermitteln. Zudem sollte Offener Unterricht nie als total selbstbestimmtes Lernen verstanden werden, denn selbstbestimmtes Lernen schließt Fremdbestimmung nicht aus.[7] Es ist wichtig, dass die Schüler von der Lehrkraft unterstützt und angeleitet werden, damit der Lernprozess erfolgreich durchgeführt werden kann. Offener Unterricht benötigt viel Zeit, was problematisch sein kann aufgrund der umfangreichen Vorgaben des Lehrplans und der ohnehin knappen Unterrichtszeit. Auch ist eine Beurteilung innerhalb Offenem Unterrichts schwierig. Der Lehrer muss offen kommunizieren, was er evaluiert, ob den Lernprozess oder das Lernergebnis. Besonders die Evaluierung des Lernprozesses ist, da die Schüler in einem Offenen Unterricht unterschiedlich lernen, sehr zeitintensiv. Dennoch ist die Umsetzung von Offenem Unterricht möglich, was im Folgenden verdeutlicht werden soll.

Möglichkeiten der Umsetzung von Offenem Unterricht

In einem Offenen Unterricht sollen die Schüler mithilfe unterschiedlicher Arbeitsformen selbstständiger arbeiten, während der Lehrer in den Hintergrund tritt. Verschiedene Unterrichtsformen machen Offenen Unterricht möglich: bspw. Freiarbeit, Wochenpläne,

---

[6] Vgl. Reich 2008: 8.
[7] Vgl. Jürgens 2004: 50.

Projekte oder Stationslernen.[8] Bei diesen Unterrichtsformen wird auf Frontalunterricht verzichtet, vielmehr werden zahlreiche Materialien zur Verfügung gestellt, um den Schülern ein selbstständiges Lernen zu ermöglichen.

Das Prinzip der Freiarbeit ermöglicht den Schülern Wahlmöglichkeiten hinsichtlich Lerngegenstand, Lernziel, Lernmethode, Tätigkeitsbereichen, Zeiteinteilung, Interaktion, Arbeitsplatz, Planung, Durchführung und Auswertung.[9] Regeln sollen gemeinsam erarbeitet werden. Die Kinder sollen mithilfe von strukturierten Materialien individuell, differenziert und ggf. mit zusätzlichen Anleitungen und Hilfestellungen des Lehrers lernen.[10] Die Schüler haben hier die Möglichkeit, nach ihrem Lerntempo und auf ihrem persönlichen Lernniveau selbstständig zu arbeiten. Auch können sie entscheiden, ob sie in Gruppen, zu zweit oder individuell lernen möchten.

Mithilfe von Wochenplänen ist es möglich, den Schülern Pflicht- und Wahlaufgaben zu geben.[11] Die Schüler entscheiden selbst oder in Absprache mit der Lehrkraft, welche Materialien sie wann bearbeiten wollen. Die Materialienauswahl sollte umfangreich sein, dies trägt dazu bei, dass die Schüler sich die für sie interessanten Materialien auswählen können und motiviert sind, diese zu bearbeiten. Interessen und Fähigkeiten der Schüler sollten bei der Materialienzusammenstellung im Vordergrund stehen. Die Schüler bearbeiten die Materialien selbstständig, zu zweit oder in Gruppen, während der Lehrer dafür sorgt, dass die Schüler in ihrem Lernprozess unterstützt werden.

Bei der Projektarbeit steht die Bedürfnis- und Lebensweltorientierung der Schüler im Fokus. Projekte können dabei helfen, soziale Regeln des Miteinander-Lernens zu fördern, auf individuelle Interessen der Schüler einzugehen und aktives Lernen zuzulassen.[12] Die Schüler müssen strukturiert vorgehen um das Ziel des Projektes zu ermitteln, die Planung und Durchführung zu gestalten und das Projekt abschließend zu reflektieren.[13]

Beim Stationenlernen werden die Schüler zu Problemlösern. Verschiedene thematische Schwerpunkte, Arbeitsaspekte und Aufgabenstellungen ermöglichen individuelles Lernen.[14]

---

[8] Vgl. Peschel 2002: 8.
[9] Vgl. Jürgens 2003: 67.
[10] Vgl. Reich 2008: 8.
[11] Vgl. Peschel 2002: 13.
[12] Ebd.: 22.
[13] Vgl. Jürgens 2003: 77.
[14] Ebd.: 54.

Der zeitliche Aspekt spielt eine wesentliche Rolle beim Stationenlernen, denn die Schüler können selbst oftmals entscheiden, wie lange sie für eine Aufgabe benötigen, müssen dieses Zeitlimit dann aber auch bestmöglich einhalten. Stationenlernen ist Lernen in kleinen Schritten, wobei sich der stetige Lernfortschritt motivierend auf die Schüler auswirkt. Die Lehrperson übernimmt die Rolle des Beobachters und Beraters und kann den Schülern auch als Helfer beistehen. Stationenlernen kann beim Einstieg in eine Thematik, bei der Erarbeitung oder bei der Wiederholung einer Thematik nützlich sein. Auch beim Stationenlernen steht die Selbstständigkeit der Schüler im Vordergrund.

Offener Unterricht kann mithilfe verschiedener Methoden umgesetzt werden, die bereits genannten Methoden sind nur eine Auswahl an Möglichkeiten. Aber auch Differenzierung spielt eine relevante Rolle im Konzept des Offenen Unterrichts.

Offener Unterricht mithilfe von Differenzierung

Der Lehrer kann das Konzept des Offenen Unterrichts mithilfe von Differenzierung unterstützen. Konkret kann bei einer Differenzierung Einfluss genommen werden auf Elemente wie Lernziele, Arbeitsformen, Arbeitstempo, Evaluation, Feedback, Lernmaterialien oder Arbeitsinstruktionen.[15] Schon durch kleine Eingriffe im alltäglichen Unterricht kann die Lehrkraft die Lernmotivation der Schüler und selbstständiges Lernen, das im Fokus des Offenen Unterrichts steht, unterstützen. Die Lehrkraft geht dabei auf die unterschiedlichen Bedürfnisse der Schüler ein.[16] Die Verschiedenheit der Lernenden wird berücksichtigt und jedem Schüler Entfaltungsmöglichkeiten angeboten.[17]

Formative Bewertungen, also Evaluationen, die den Lernprozess begleiten, und summative Bewertungen des Lernergebnisses sowie Transparenz bei der Leistungsbeurteilung können dazu beitragen, dass sowohl Schüler als auch Lehrkräfte erkennen können, auf welchem Leistungsniveau sich die Schüler befinden und was am Unterricht bzw. an den Fähigkeiten der Schüler verbessert werden muss. Eine Überprüfung der Lernergebnisse ist in einem Offenen Unterricht besonders wichtig, denn so können die Lernenden, die vorrangig

---

[15] Vgl. Castelein et al. 2016: 2.
[16] Vgl. Tomlinson 2010: 12.
[17] Vgl. Keijzer 2016: 13.

selbstständig arbeiten, ihre Lernfortschritte erkennen und Defizite aufarbeiten. Auch kann der Lehrer den Schülern bei Problemen beistehen und sie bei ihrem Lernprozess begleiten. Individuelles, überschaubares und unmittelbares Feedback ist in Offenem Unterricht ebenfalls wichtig, denn es wirkt selbstständigkeitsfördernd. Die Lehrkraft sollte dabei zunächst die positiven Aspekte betonen und anschließend erörtern, was verbessert werden kann und wie dies erfolgen kann. Außerdem soll der Schüler gefragt werden, ob er das Feedback verstanden hat. Nur wenn der Lernende die Rückmeldung begriffen hat, kann er die Kritik auch umsetzen. Kontrolle durch die Lehrperson wirkt eher abschreckend als motivierend, sofern sie von den Lernenden als Druck empfunden wird, unabhängig davon, ob es sich dabei um Notengebung oder um die Kontrolle der Hausaufgaben handelt. Zu beachten gilt, dass sich das Feedback stets auf die Aufgabe des Schülers und nicht auf die Person des Schülers beziehen soll. Nur auf diese Weise kann objektives Feedback stattfinden.[18]

Auch bei Hausaufgaben kann in Offenem Unterricht differenziert werden. Hausaufgaben sollten eine unterstützende Wirkung auf den Lernprozess der Schüler haben und das Konzept des Offenen Unterrichts unterstützen. Werden Hausaufgaben aufgegeben ohne ihre Relevanz im Vorhinein festzustellen, ist die Effektivität der Hausaufgaben wahrscheinlich gering. Hausaufgaben sollten nur aufgegeben werden, wenn sie den Lernvorgang positiv beeinflussen und das Erlernte festigen. Um das Konzept des Offenen Unterrichts zu unterstützen, könnten Schüler ihre Hausaufgaben selbst zusammenstellen, wobei der Lehrer als Unterstützer agiert und die Hausaufgabeneinteilung überwacht. So können Schüler Aufgabentypen oder Themengebiete auswählen, die sie interessieren. Zudem können Hausaufgaben bei Bedarf in Gruppen- bzw. Partnerarbeiten ausgeführt werden. Bei dieser Alternative wird die soziale Kompetenz gefördert, denn die Schüler kooperieren bei der Ausführung der Hausaufgaben miteinander. Generell ist es möglich, der gesamten Klasse eine größere Auswahl an Hausaufgaben mit verschiedenen Schwierigkeitsgraden aufzugeben. Der Lehrer gibt eine Mindestbearbeitungszeit für die Bearbeitung der Aufgaben an. So werden schwache Schüler nicht benachteiligt und starke Schüler haben die Möglichkeit, zusätzliche Aufgaben zu erledigen. Motivationsfördernd ist es zudem, wenn der Lehrer geeignete Methoden zur Aufgabenlösung angibt und Hilfsmittel zur Verfügung stellt.[19]

---

[18] Vgl. Bastian 2014.
[19] Vgl. Kohler 2008: 122.

Die Lehrkraft ist dafür verantwortlich, jedem Schüler innerhalb seiner Möglichkeiten und Fähigkeiten bestmöglich zu neuem Wissen zu verhelfen. Um dies zu erreichen, muss die Lehrkraft ihre Schüler kennen und auf ihr Vorwissen, ihre kognitiven Fähigkeiten sowie auf ihre Bezugswelt Rücksicht nehmen. Das bedeutet, eine Auswahl an Aufgaben und Herausforderungen anzubieten sowie den Schülern die Möglichkeit zu geben, selbst Einfluss auf den Lernprozess und auf die Lerninhalte zu nehmen.[20]

Fühlt sich der Lernende individuell angesprochen und erkennt, warum er lernen muss, kann aktives Lernen entstehen. Aktives Lernen bedeutet, dass der Lernende nicht nur Informationen aufnimmt, sondern ein für ihn bedeutungsvolles Wissen konstruiert, das er anschließend mit bereits vorhandenem Wissen verknüpft.[21] Gestaltet die Lehrkraft den Offenen Unterricht mithilfe von Differenzierung so, dass er für jeden Schüler innerhalb seiner eigenen Bezugswelt interessant wird, kann bestmögliches Lernen ermöglicht werden.

Es gibt viele verschiedene Wege, Differenzierung im Offenen Unterricht durchzuführen. Die Lehrkraft muss entscheiden, welche Realisierungsmöglichkeiten für die Schüler am sinnvollsten sind.

Fazit

Der Lehrer muss sich darüber bewusst sein, dass er selbst dafür verantwortlich ist, den Offenen Unterricht schülergerecht zu gestalten. Problemlösendes, selbstständiges Lernen steht im Vordergrund des Offenen Unterrichts. Mithilfe von Offenem Unterricht werden verschiedene Kompetenzen gefördert, lebensbedeutsame Themen bearbeitet, ein aktiver Unterricht gestaltet und ein Lernen mit allen Sinnen ermöglicht. Dabei steht das Interesse und die Selbstständigkeit der Schüler im Vordergrund. Offener Unterricht bietet vielfältige, individuelle Lernmöglichkeiten für die Schüler und kann dazu beitragen, der Diversität der Schüler gerecht zu werden. Schlüsselkompetenzen und Selbstständigkeit werden im Offenen Unterricht gefördert, dabei agiert die Lehrkraft als Helfer und Beobachter. Rückmeldungen der Lehrkraft bieten die Basis für zukünftiges Lernen im Offenen Unterricht und sollten daher individuell und objektiv gestaltet werden. Methoden wie Freiarbeit, Wochenpläne, Projektarbeit oder Stationenlernen sind im Offenen Unterricht gängig, Differenzierung kann Offenen Unterricht unterstützen. Durch das Konzept des Offenen Unterrichts kann das Lernen aktiver gestaltet werden und Schüler können zu Problemlösern werden.

---

[20] Vgl. Ettekoven 2002: 17.
[21] Ebd.: 12.

Literaturverzeichnis

Bönsch, M. (1993). *Offener Unterricht in der Primar- und Sekundarstufe I. Praxisleitende Theorie und theoriebildende Praxis*. Hannover: Hahnsche Buchhandlung.

Ettekoven, S. (2002). *Actief leren*. Aalphen aan den Rhijn: Kluwer.

Jürgens, E. (2004). *Die ‚neue' Reformpädagogik und die Bewegung Offener Unterricht. Theorie, Praxis und Forschungslage*. Sankt Augustin: Academia Verlag.

Jürgens, E. (2003). *Schüleraktive Unterrichtsformen. Modelle und Praxisbeispiele für erfolgreiches Lehren und Lernen*. München: Oldenbourg Schulbuchverlag.

Keijzer, J. (2016). *Differentiëren in het taalonderwijs. Kleine ingrepen, grote effecten*. Bussum: Uitgeverij Coutinho.

Kohler, B. (2008). Differenzierte Hausaufgaben. In: J. Kunze & C. Solzbacher. *Individuelle Förderung in der Sekundarstufe I und II*. Hohengehren: Schneider Verlag, S. 119-124.

Peschel, F. (2002). *Offener Unterricht. Idee – Realität – Perspektive und ein praxiserprobtes Konzept zur Diskussion. Teil I*. Baltmannsweiler: Schneider Verlag Hohengehren.

Tomlinson, C.A. (2010). *Leading and managing a differentiated classroom*. Alexandria: ASCD.

Internetquellen

Bastian, J. (2004). *Lernen verstehen und einen Dialog über Lernen beginnen*. [online] https://www.beltz.de/fachmedien/paedagogik/zeitschriften/paedagogik/themenschwerpunkth/feedback_im_unterricht.html [21.02.2018].

Castelein, E. et al. (2016). *Binnenklasdifferentiatie – een beropeshouding, geen recept*. [online] https://feb.kuleuven.be/drc/LEER/in-the-press/binnenklasdifferentiatie [20.02.2018].

Reich, K. (2008). *Offener Unterricht*. [online]. http://methodenpool.uni-koeln.de/download/offener_unterricht.pdf [23.02.2018].

BEI GRIN MACHT SICH IHR WISSEN BEZAHLT

- Wir veröffentlichen Ihre Hausarbeit, Bachelor- und Masterarbeit

- Ihr eigenes eBook und Buch - weltweit in allen wichtigen Shops

- Verdienen Sie an jedem Verkauf

Jetzt bei www.GRIN.com hochladen und kostenlos publizieren